Impressum
Verlag: BABADADA GmbH, Nedderfeld 112 , 22529 Hamburg
Geschäftsführer / Verlagsleitung: Harald Hof
Druck: Books on Demand GmbH, In de Tarpen 42, 22848 Norderstedt

Imprint
Publisher: BABADADA GmbH, Nedderfeld 112 , 22529 Hamburg, Germany
Managing Director / Publishing direction: Harald Hof
Print: Books on Demand GmbH, In de Tarpen 42, 22848 Norderstedt

école
школа

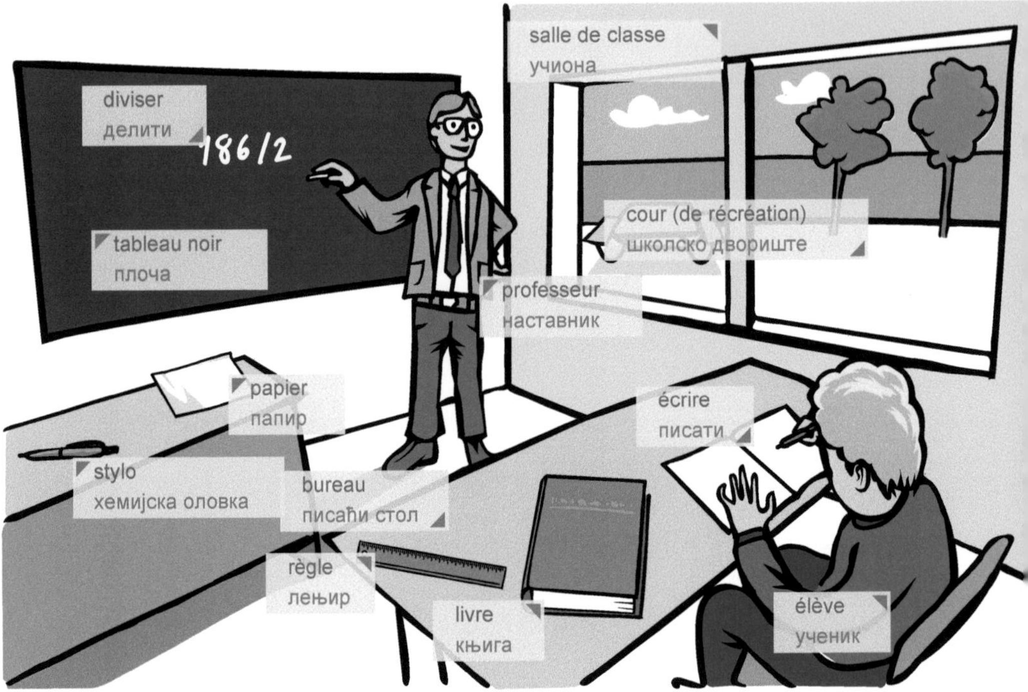
salle de classe
учиона
diviser
делити
186/2
tableau noir
плоча
cour (de récréation)
школско двориште
professeur
наставник
papier
папир
écrire
писати
stylo
хемијска оловка
bureau
писаћи стол
règle
лењир
livre
књига
élève
ученик

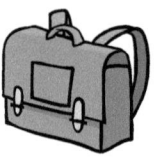

cartable
торба

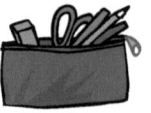

trousse
перница

crayon
графитна оловка

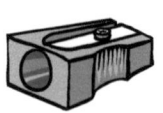

taille-crayon
шиљило за оловке

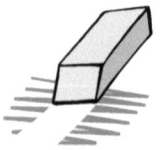

gomme
гумица за брисање

carnet à dessin
блок за цртање

dessin

цртеж

pinceau

кист

boîte de peinture

кутија са бојама

ciseaux

маказе

colle

лепило

cahier d'exercices

бележница

devoirs

домаћи задатак

chiffre

број

additionner

сабирати

soustraire

одузимати

multiplier

множити

calculer

рачунати

lettre

слово

alphabet

абецеда

mot

реч

texte

текст

lire

читати

craie

креда

leçon

час

livre de classe

дневник

examen

испит

certificat

сведочанство

uniforme scolaire

школска униформа

formation

образовање

lexique

лексикон

université

универзитет

microscope

микроскоп

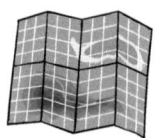

carte

карта

corbeille à papier

кошара за папир

voyage
путовање

hôtel
хотел
Grand
auberge
преноћиште
ROOMS
CHANGE
bureau de change
мењачница
valise
кофер
voiture
ауто

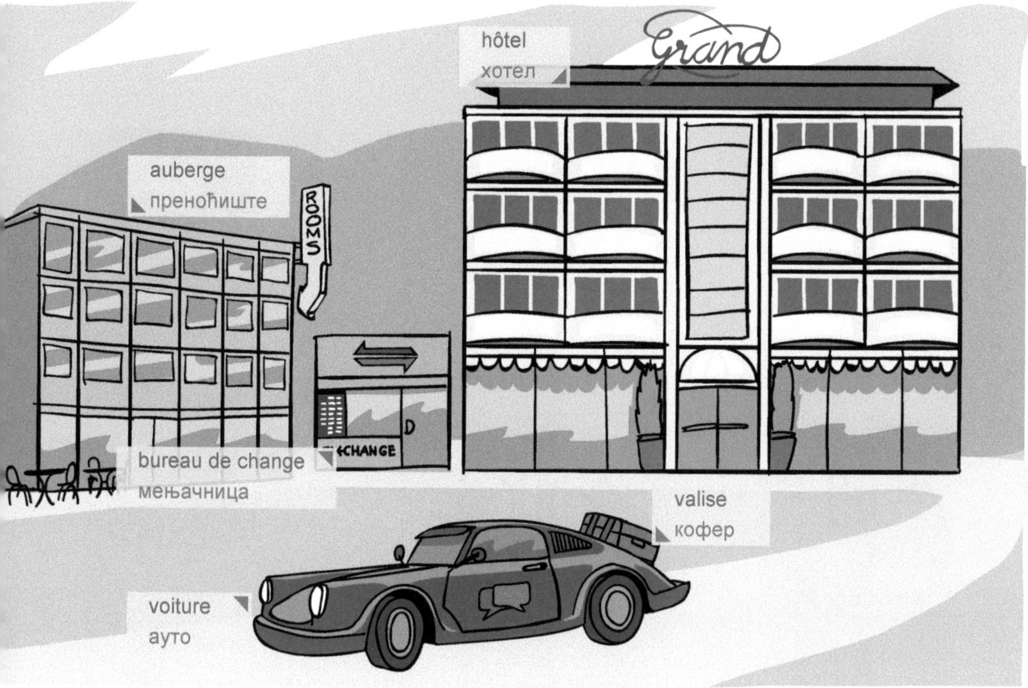

langue

језик

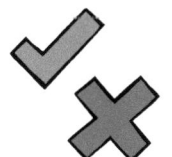

oui / non

да / не

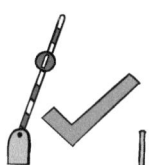

d'accord

океј

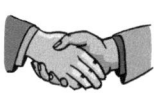

Salut

здраво

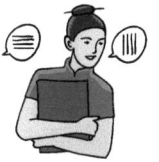

interprète

преводилац

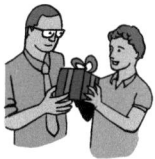

merci

хвала

Combien coûte...?

Колико кошта...?

Je ne comprends pas

не разумем

problème

проблем

Bonsoir !

добро вече!

Bonjour !

Добро јутро!

Bonne nuit !

Лаку ноћ!

Au revoir

довиђења

direction

смер

bagages

пртљага

sac

торба

sac-à-dos

руксак

hôte

гост

pièce

соба

sac de couchage

врећа за спавање

tente

шатор

office de tourisme

туристичке информације

plage

плажа

carte de crédit

кредитна картица

petit-déjeuner

доручак

déjeuner

ручак

dîner

вечера

billet

карта за вожњу

ascenseur

лифт

timbre

поштанска маркица

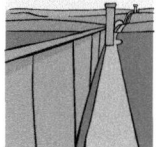

frontière

граница

douane

царина

ambassade

амбасада

visa

виза

passeport

пасош

transport
транспорт

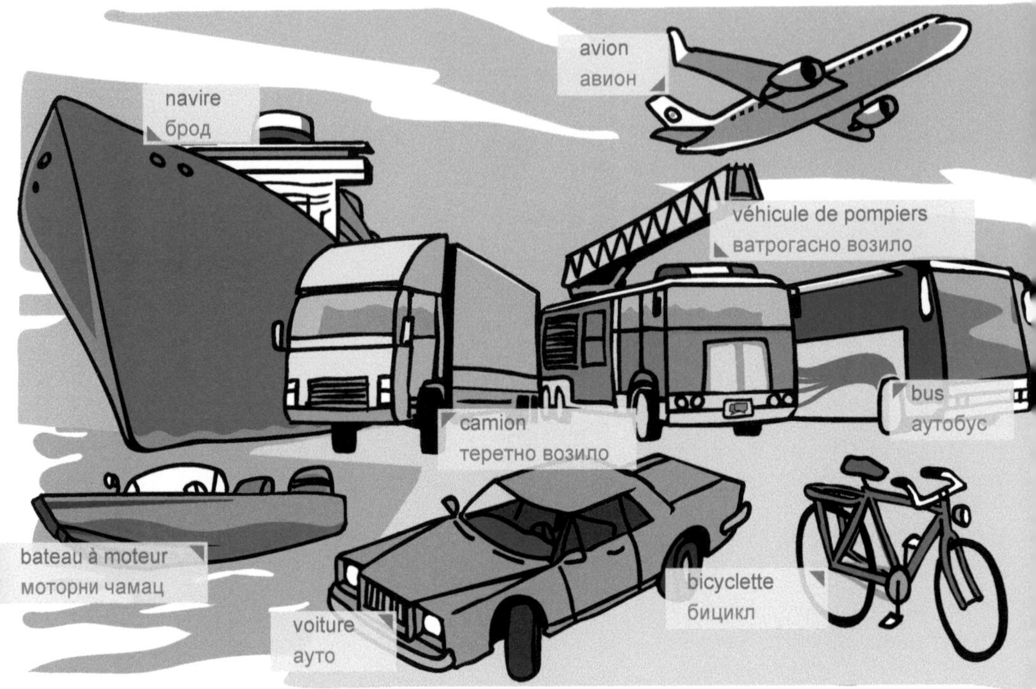
avion
авион
navire
брод
véhicule de pompiers
ватрогасно возило
bus
аутобус
camion
теретно возило
bateau à moteur
моторни чамац
bicyclette
бицикл
voiture
ауто

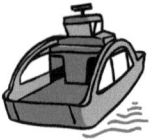

ferry
трајект

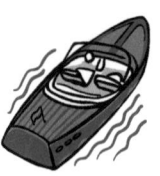

barque
чамац

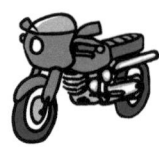

moto
мотоцикл

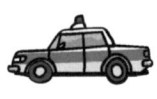

voiture de police
полицијски ауто

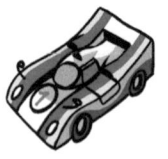

voiture de course
тркаћи ауто

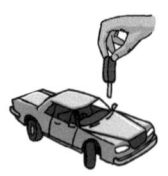

voiture de location
изнајмљено ауто

auto-partage

дељење аутомобила

voiture de remorquage

вучно возило

benne à ordures

возило за одвоз смећа

moteur

мотор

essence

бензин

station d'essence

бензинска станица

panneau indicateur

саобраћајни знак

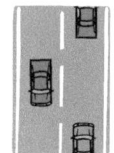

trafic

саобраћај

embouteillage

застој

parking

паркиралиште

gare

железничка станица

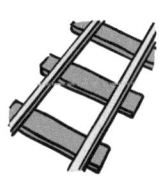

rails

шине

train

воз

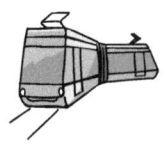

tramway

трамвај

wagon

вагон

hélicoptère

хеликоптер

aéroport

аеродром

tour

кула

passager

путник

conteneur

контејнер

carton

картон

chariot

колица

corbeille

корпа

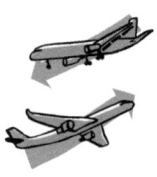

décoller / atterrir

узлетети / слетети

ville

град

village

село

centre-ville

центар града

maison

кућа

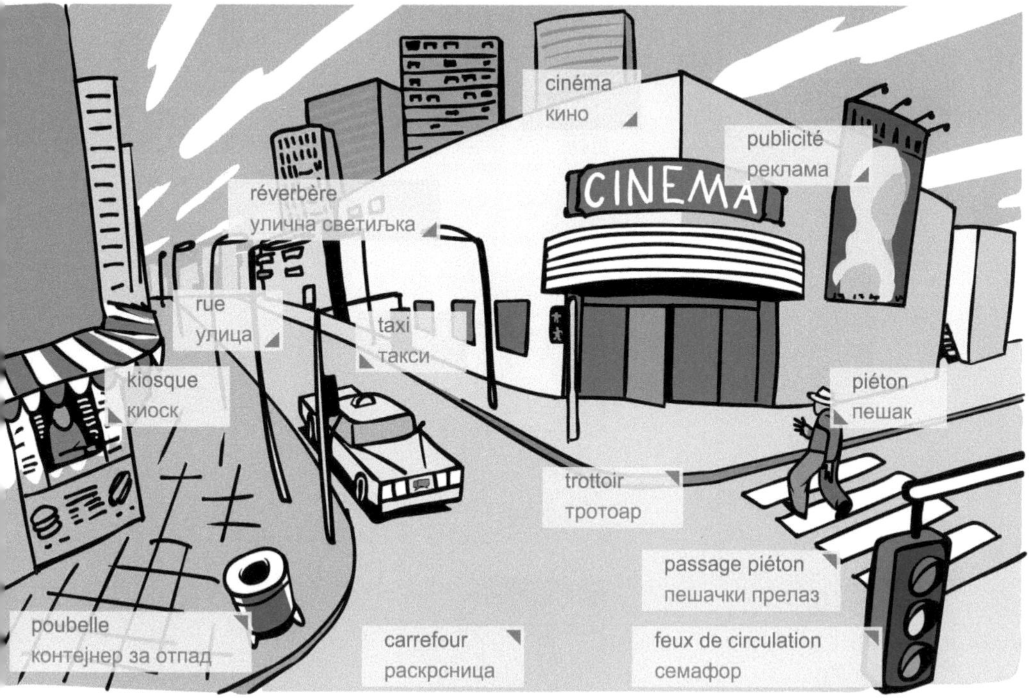

cinéma
кино

publicité
реклama

réverbère
улична светиљка

CINEMA

rue
улица

taxi
такси

piéton
пешак

kiosque
киоск

trottoir
тротоар

passage piéton
пешачки прелаз

poubelle
контејнер за отпад

carrefour
раскрсница

feux de circulation
семафор

cabane
....
колиба

appartement
....
стан

gare
....
железничка станица

mairie
....
већница

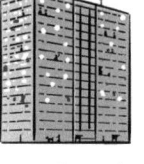

musée
....
музеј

école
....
школа

université

университет

banque

банка

hôpital

болница

hôtel

хотел

pharmacie

апотека

bureau

канцеларија

librairie

књижара

magasin

продавница

fleuriste

цвећара

supermarché

супермаркет

marché

трг

grand magasin

робна кућа

poissonnerie

рибарница

centre commercial

трговачки центар

port

лука

parc

парк

banque

клупа

pont

мост

escaliers

степенице

métro

подземна железница

tunnel

тунел

arrêt de bus

аутобуска станица

bar

бар

restaurant

ресторан

boîte à lettres

поштанско сандуче

panneau indicateur

улични знак

parcmètre

паркирни аутомат

zoo

зоолошки врт

piscine

базен

mosquée

џамија

ferme

сеоско газдинство

pollution

загађење околине

cimetière

гробље

église

црква

aire de jeux

игралиште

temple

храм

paysage
пејсаж

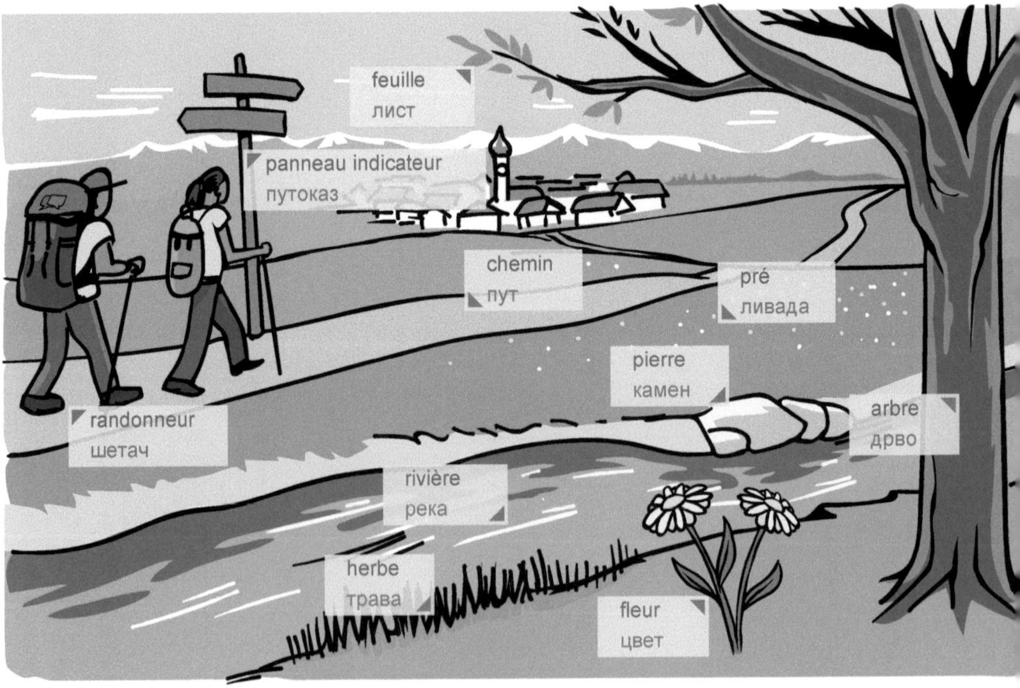

feuille
лист

panneau indicateur
путоказ

chemin
пут

pré
ливада

pierre
камен

arbre
дрво

randonneur
шетач

rivière
река

herbe
трава

fleur
цвет

vallée

долина

montagne

планина

lac

језеро

forêt

шума

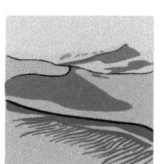

désert

пустиња

volcan

вулкан

château

дворац

arc-en-ciel

дуга

champignon

гљива

palmier

палма

moustique

москито

mouche

мува

fourmis

мрав

abeille

пчела

araignée

паук

coléoptère

буба

grenouille

жаба

écureuil

веверица

hérisson

јеж

lièvre

зец

chouette

сова

oiseau

птица

cygne

лабуд

sanglier

дивља свиња

cerf

јелен

élan

лос

barrage

насип

éolienne

ветрењача

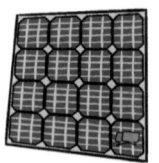

panneau solaire

соларна плоча

climat

клима

restaurant

ресторан

serveur
конобар
menu
јеловник
chaise
столица
soupe
супа
pizza
пица
nappe
столњак
couverts
прибор за јело

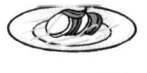

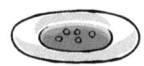

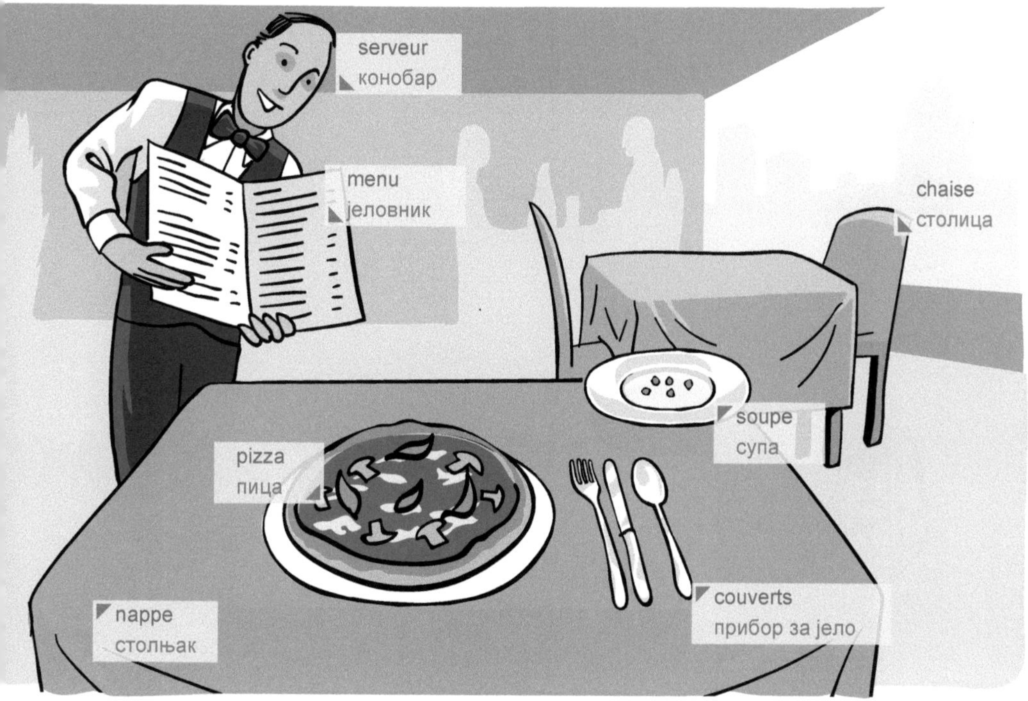

hors d'œuvre

предјело

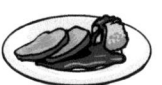

plat principal

главно јело

dessert

десерт

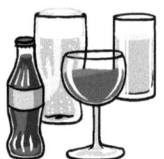

boissons

напитци

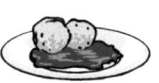

alimentation

јело

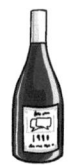

bouteille

флаша

fast-food

брза храна

plats à emporter

имбис храна

théière

чајник

sucrier

доза за шећер

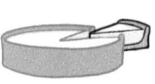

portion

порција

machine à expresso

апарат за еспресо

chaise haute

висока столица

facture

рачун

plateau

послужавник

couteau

нож

fourchette

виљушка

cuillère

кашика

cuillère à thé

чајна кашика

serviette

салвета

verre

чаша

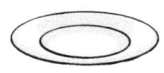

assiette

тањир

assiette à soupe

тањир за супу

soucoupe

тањирић

sauce

сос

salière

сољенка

moulin à poivre

млин за бибер

vinaigre

сирће

huile

уље

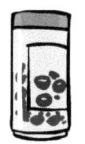 

épices

зачини

ketchup

кечап

moutarde

сенф

mayonnaise

мајонеза

supermarché

супермаркет

offre promotionnelle
понуда
FOR
client
купац
produits laitiers
млечни производи
fruits
воће
chariot
колица за куповину

BUTCHERS

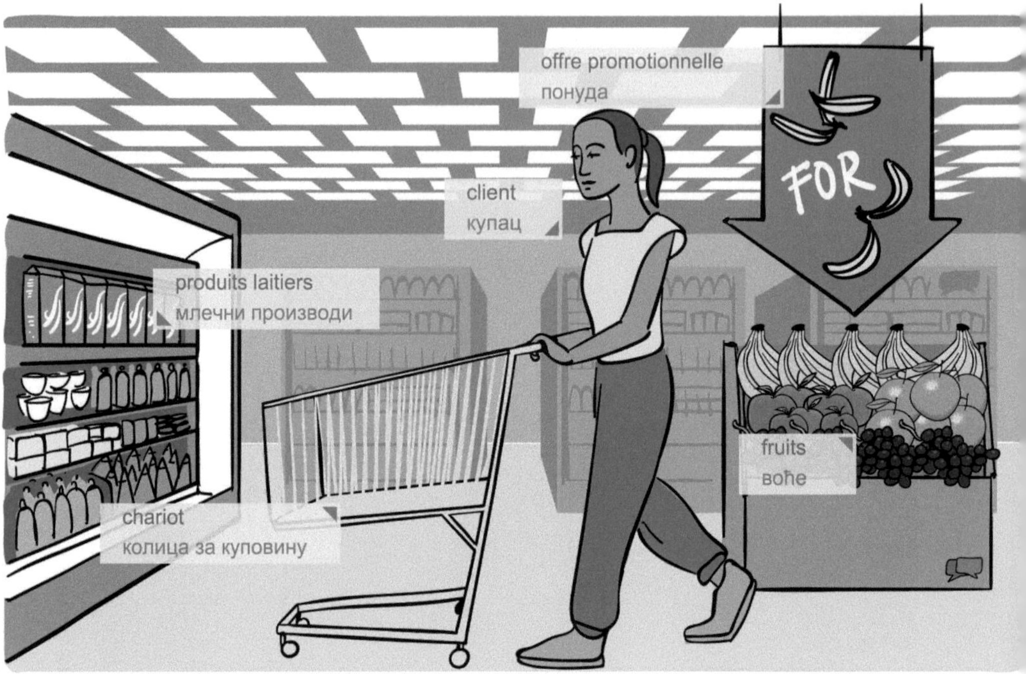

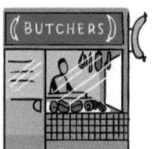

boucherie

месница

BAKERY

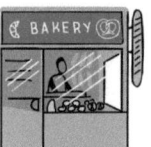

boulangerie

пекара

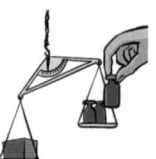

peser

вагати

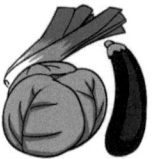

légumes

поврће

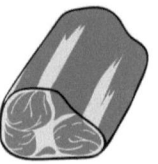

viande

месо

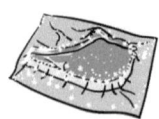

aliments surgelés

смрзнута храна

charcuterie

нарезак

conserves

конзерве

poudre à lessive

средство за прање

bonbons

слаткиши

articles ménagers

артикли за домаћинство

détergents

средства за чишћење

vendeuse

продавачица

caisse

благајна

caissier

благајник

liste d'achats

листа за куповину

heures d'ouverture

време рада

portefeuille

новчаник

carte de crédit

кредитна картица

sac

торба

sac en plastique

пластична кеса

eau

вода

jus de fruit

сок

lait

млеко

coca

кола

vin

вино

bière

пиво

alcool

алкохол

chocolat chaud

какао

thé

чај

café

кава

expresso

еспресо

cappuccino

капучино

banane

банана

pomme

јабука

orange

наранџа

melon

лубеница

citron

лимун

carotte

шаргарепа

ail

бели лук

bambou

бамбус

oignon

лук

champignon

гљива

noisettes

орашасти плодови

pâtes

резанци

spaghetti
шпагете

riz
рижа

salade
салата

pommes frites
помфрит

pommes de terre rôties
печени крумпир

pizza
пица

hamburger
хамбургер

sandwich
сендвич

escalope
шницла

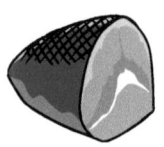

jambon
шунка

salami
салама

saucisse
кобасица

poulet
кокош

rôti
печење

poisson
риба

flocons d'avoine

зобене пахуљице

muesli

мусли

cornflakes

кукурузне пахуљице

farine

брашно

croissant

кроасан

petits-pains

пециво

pain

хлеб

pain grillé

тоаст

biscuits

кекси

beurre

маслац

le fromage blanc

свежи сир

gâteau

колач

œuf

јаје

œuf au plat

јаје на око

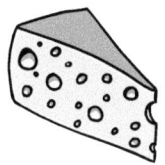

fromage

сир

glace

сладолед

sucre

шећер

miel

мед

confiture

мармелада

crème nougat

нугат крема

curry

кари

ferme

сеоско газдинство

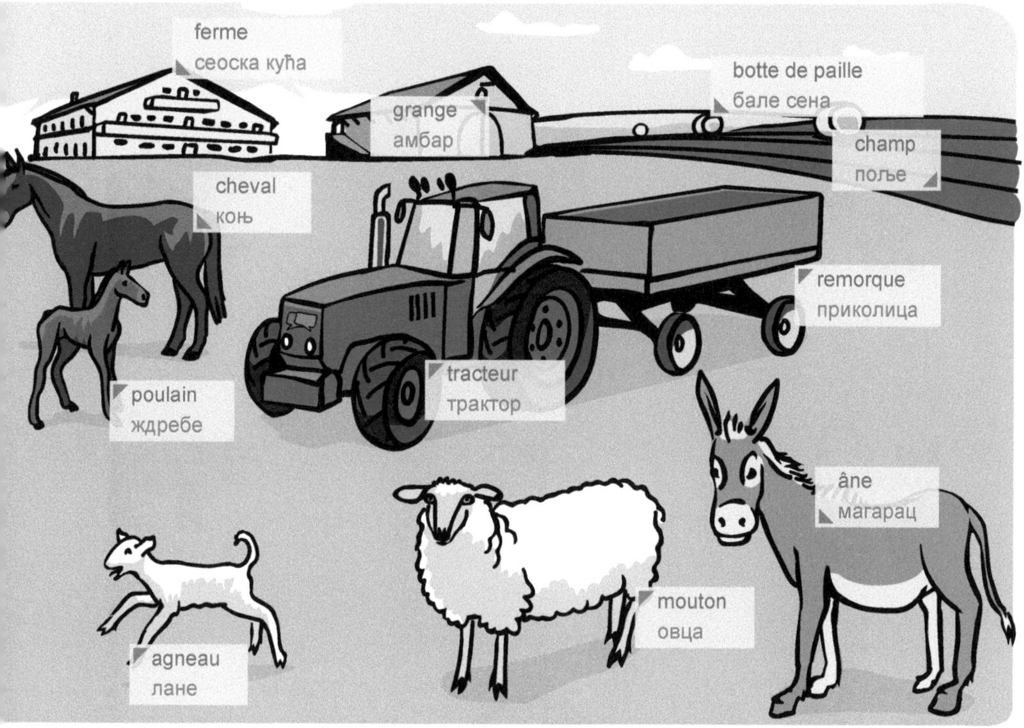
ferme
сеоска кућа
botte de paille
бале сена
grange
амбар
champ
поље
cheval
коњ
remorque
приколица
tracteur
трактор
poulain
ждребе
âne
магарац
mouton
овца
agneau
лане

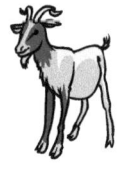

chèvre

коза

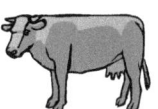

vache

крава

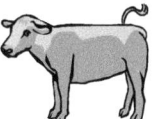

veau

теле

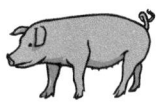

porc

свиња

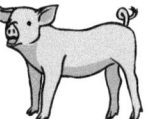

porcelet

прасе

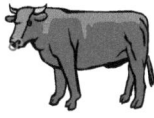

taureau

бик

oie

гуска

canard

патка

poussin

пилићи

poule

кокош

coq

петао

rat

пацов

chat

мачка

souris

миш

bœuf

вол

chien

пас

chenil

кућица за пса

tuyau de jardin

вртно црево

arrosoir

канта за поливање

faucheuse

коса

charrue

плуг

faucille

срп

pioche

мотика

fourche

виљушка за ђубриво

hache

секира

brouette

тачке

cuve

корито

pot à lait

посуда за млеко

sac

вреħа

clôture

ограда

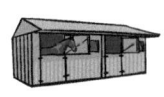

étable

штала

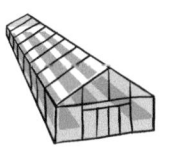

serre

стакленик

sol

земља

semences

семе

engrais

ђубриво

moissonneuse-batteuse

комбајн

récolter

жети

récolte

жетва

igname

јамс зачин

blé

пшеница

soja

соја

pomme de terre

крумпир

maïs

кукуруз

colza

уљана репица

arbre fruitier

воћка

manioc

гомољ манионе

céréales

житарице

maison

кућа

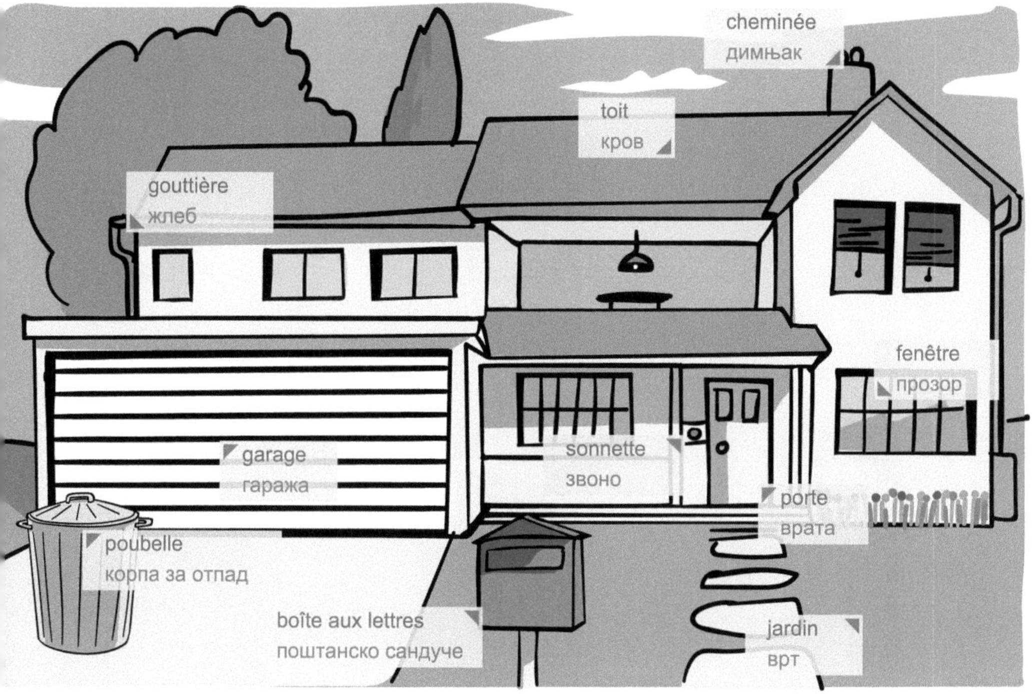

cheminée
димњак
toit
кров
gouttière
жлеб
fenêtre
прозор
garage
гаража
sonnette
звоно
porte
врата
poubelle
корпа за отпад
boîte aux lettres
поштанско сандуче
jardin
врт

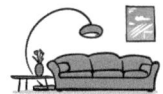

salon
дневна соба

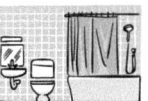

salle de bain
купаоница

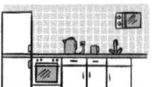

cuisine
кухиња

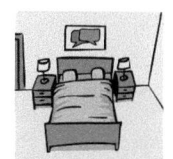

chambre à coucher
спаваћа соба

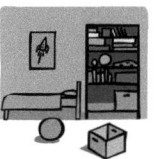

chambre d'enfant
дечија соба

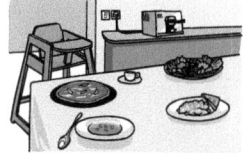

salle à manger
трпезарија

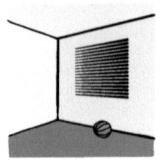

sol

под

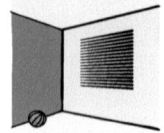

mur

зид

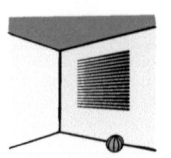

plafond

строп

cave

подрум

sauna

сауна

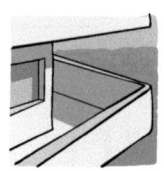

balcon

балкон

terrasse

тераса

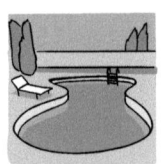

piscine

базен

tondeuse à gazon

косилица за траву

housse

постељина за кревет

couette

дека за кревет

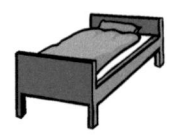

lit

кревет

balai

метла

sceau

канта

interrupteur

прекидач

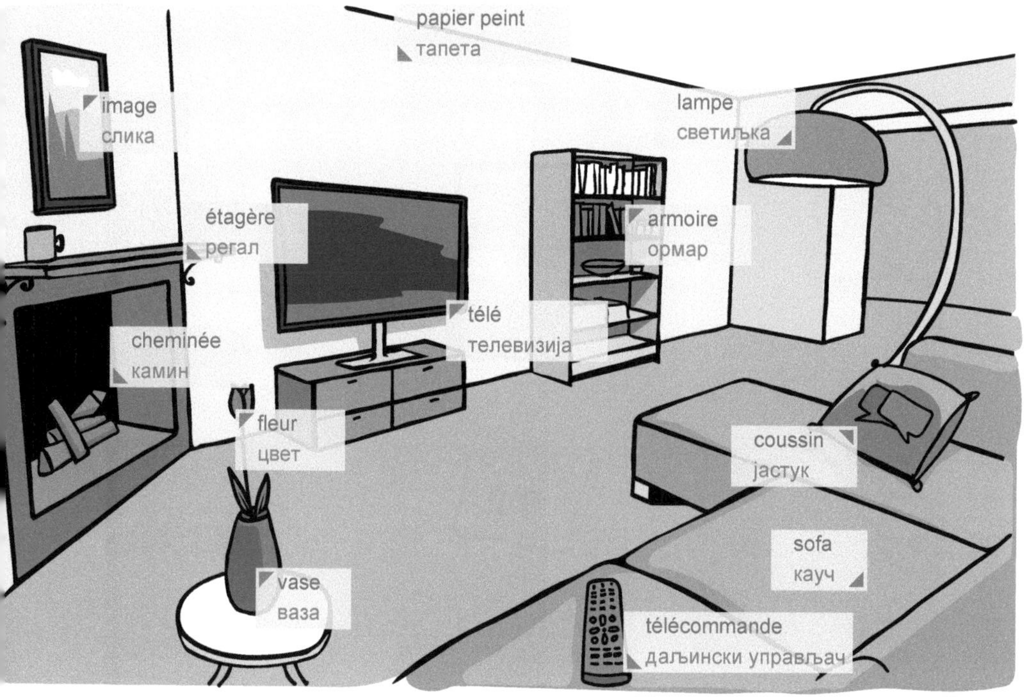

papier peint
тапета

image
слика

lampe
светиљка

étagère
регал

armoire
ормар

télé
телевизија

cheminée
камин

fleur
цвет

coussin
јастук

sofa
кауч

vase
ваза

télécommande
даљински управљач

tapis
тепих

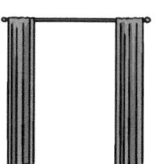

rideau
завеса

table
сто

chaise
столица

chaise à bascule
столица за њихање

fauteuil
фотеља

livre

књига

couverture

дека

décoration

декорација

bois de chauffage

дрво за огрев

film

филм

chaîne hi-fi

хи-фи уређај

clé

кључ

journal

новине

peinture

слика на платну

poster

постер

radio

радио

bloc-notes

блок за писање

aspirateur

усисивач

cactus

кактус

bougie

свећа

cuisine
кухиња

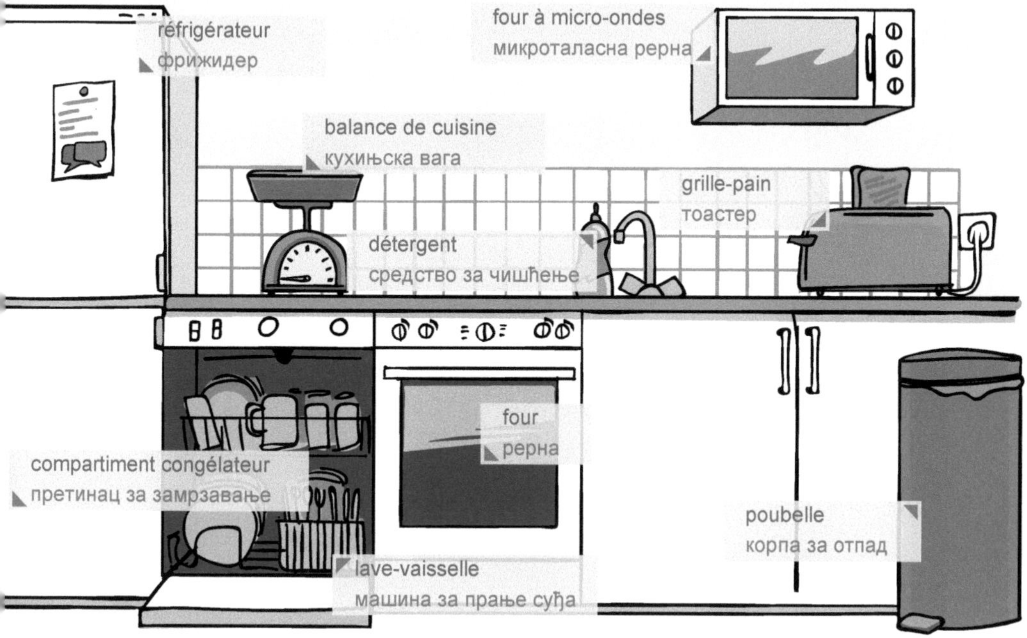

réfrigérateur
фрижидер
four à micro-ondes
микроталасна рерна
balance de cuisine
кухињска вага
grille-pain
тоастер
détergent
средство за чишћење
four
рерна
compartiment congélateur
претинац за замрзавање
poubelle
корпа за отпад
lave-vaisselle
машина за прање суђа

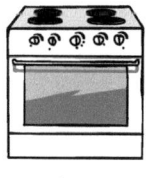

four
шпорет

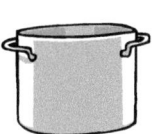

casserole
лонац

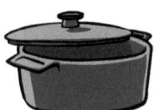

marmite
гвоздени лонац

wok / kadai
вок / кадаи

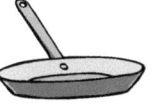

poêle
тава

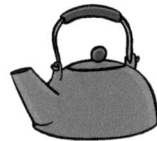

bouilloire electrique
кувало за воду

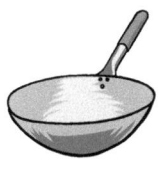

cuiseur vapeur

кувало на пару

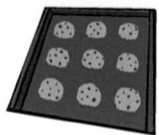

plaque de cuisson

лим за печење

vaisselle

посуђе

gobelet

чаша

coupe

посуда

baguettes

штапићи за јело

louche

кутлача

spatule

лопатица

fouet

пењача

passoire

сито за кување

tamis

сито

râpe

рибеж

mortier

мужар

barbecue

роштиљ

cheminée

огњиште

planche à découper

даска

rouleau à pâtisserie

оклагија

tire-bouchon

вадичеп

boîte

конзерва

ouvre-boîte

отварач конзерви

maniques

крпа за лонац

lavabo

судопер

brosse

четка

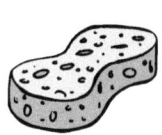

éponge

сунђер

mixeur

миксер

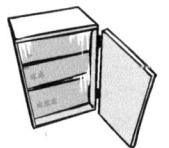

congélateur

замрзивач

biberon

флашица за бебе

robinet

славина за воду

salle de bain

купаоница

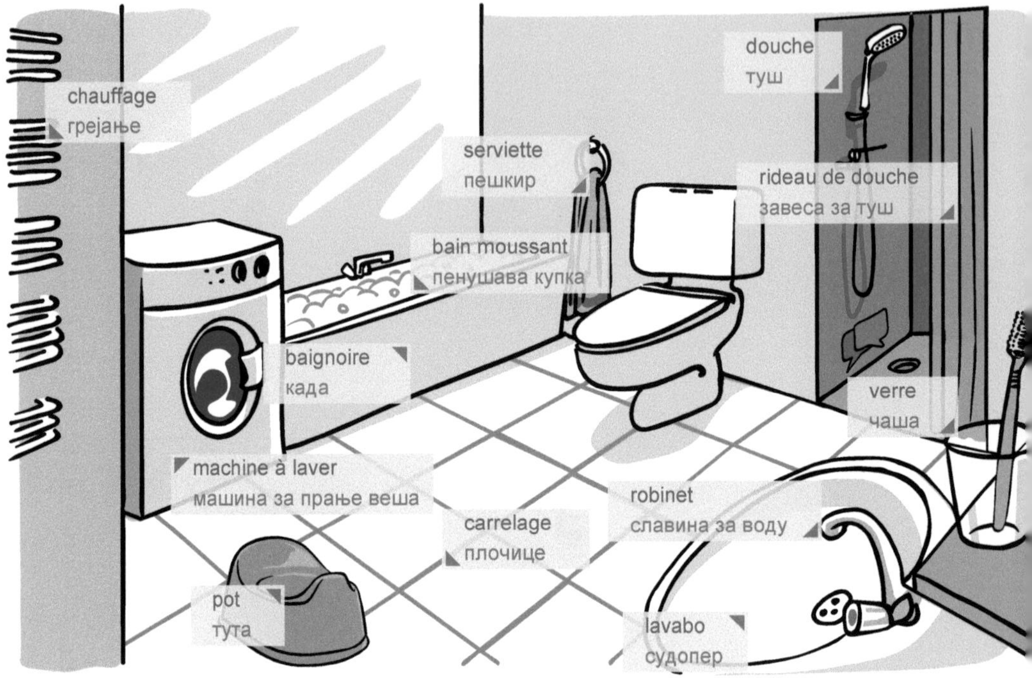

chauffage
грејање
douche
туш
serviette
пешкир
rideau de douche
завеса за туш
bain moussant
пенушава купка
baignoire
када
verre
чаша
machine à laver
машина за прање веша
robinet
славина за воду
carrelage
плочице
pot
тута
lavabo
судопер

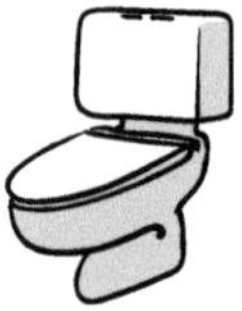

toilettes

тоалет

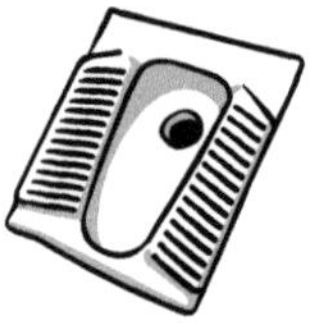

toilette à la turque

чучавац

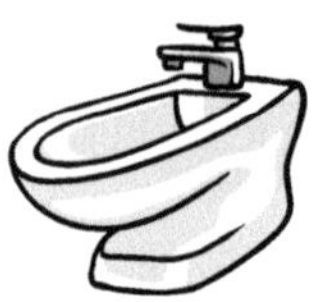

bidet

бидет

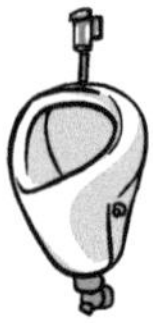

urinoir

писоар

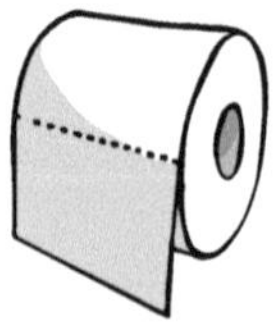

papier toilette

тоалетни папир

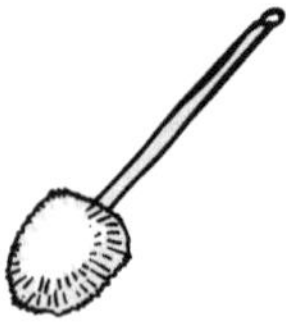

brosse à toilette

четка за тоалет

brosse à dents

четкица за зубе

dentifrice

паста за зубе

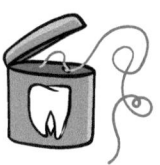

fil dentaire

конац за зубе

laver

прати

douche manuelle

туш ручица

douche intime

туш за прање интимних делова

vasque

лавор

brosse dorsale

четка за прање леђа

savon

сапун

gel douche

гел за туширање

shampooing

шампон

gant de toilette

крпа за прање

écoulement

одвод

crème

крема

déodorant

дезодоранс

miroir

огледало

miroir cosmétique

козметичко огледало

rasoir

бријач

mousse à raser

пена за бријање

après-rasage

лосион за после бријања

peigne

чешаљ

brosse

четка

sèche-cheveux

фен за косу

laque pour cheveux

спреј за косу

fond de teint

шминка

rouge à lèvres

руж за усне

vernis à ongles

лак за нокте

ouate

вата

coupe-ongles

маказе за нокте

parfum

парфем

trousse de toilette

козметичка торбица

tabouret

столица

pèse-personne

вага

peignoir

огртач

gants de nettoyage

рукавице за чишћење

tampon

тампон

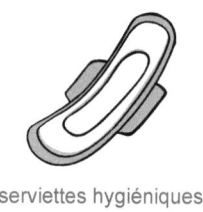

serviettes hygiéniques

уложак

toilette chimique

хемијски тоалет

chambre d'enfant

дечија соба

réveil
будилник
doudou
плишана играчка
voiture jouet
ауто играчка
hochet
звечка
maison de poupée
кућица за лутке
cadeau
поклон

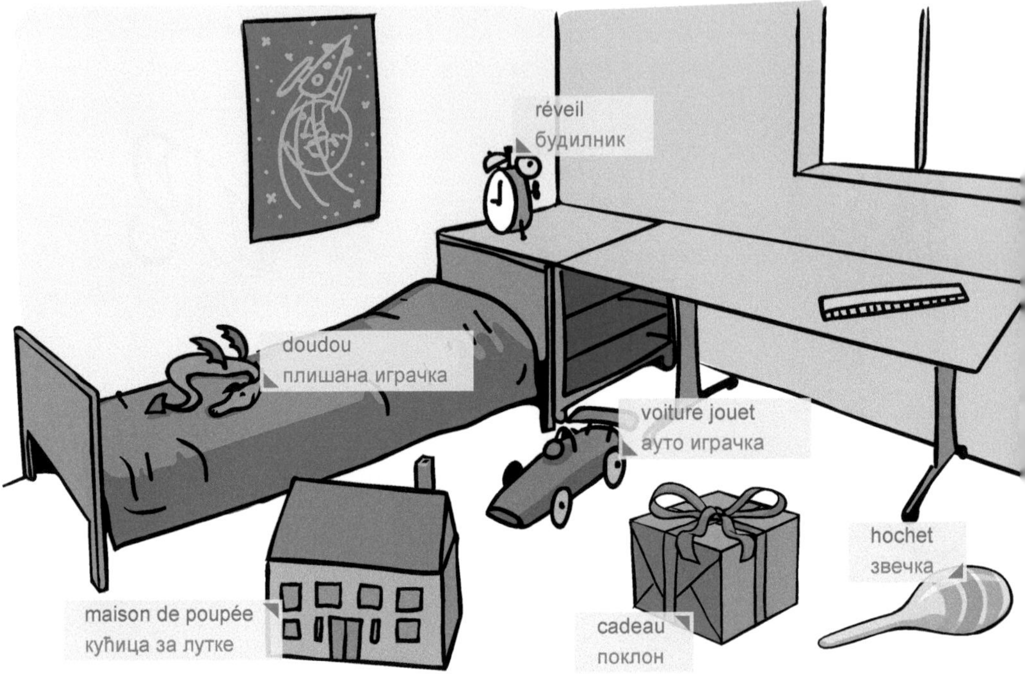

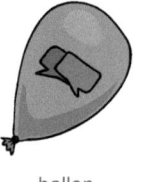

ballon

балон

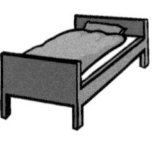

lit

кревет

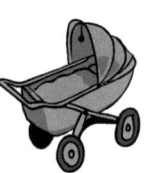

poussette

дјечија колица

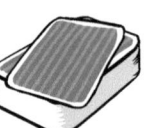

jeu de cartes

игра са картама

puzzle

слагалица

SUPER
MEGA

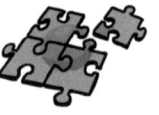

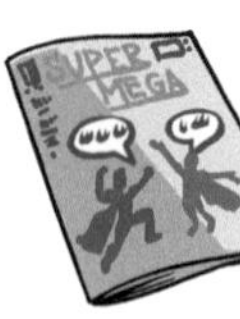

bande dessinée

стрип

pièces lego

лего коцкице

blocs de construction

коцкице за слагање

figurine

акциони јунак

grenouillère

бенкица за бебе

frisbee

фризби

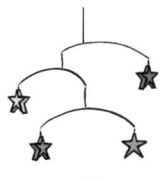

mobile

висеће играчке

jeu de société

друштвене игре

dé

коцка

train miniature

минијатурна жељезница

sucette

дуда

fête

забава

livre d'images

сликовница

balle

лопта

poupée

лутка

jouer

играти

bac à sable

пешчаник

balançoire

љуљачка

jouets

играчка

console de jeu

конзола за игре

tricycle

трицикл

ours en peluche

теди

armoire

ормар

vêtements

одећа

chaussettes

кратке чарапе

bas

чарапе

collant

хулахопке

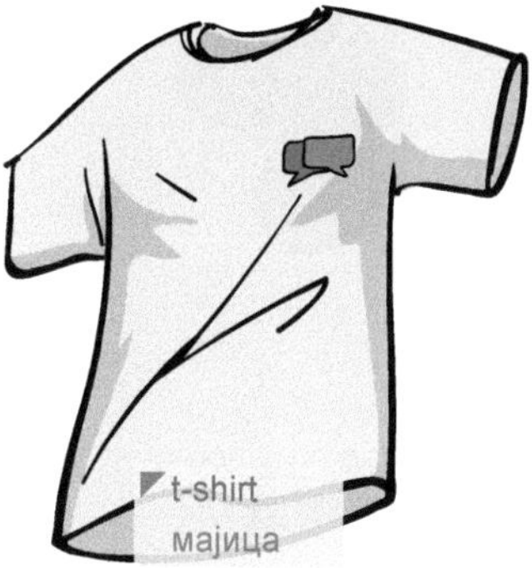

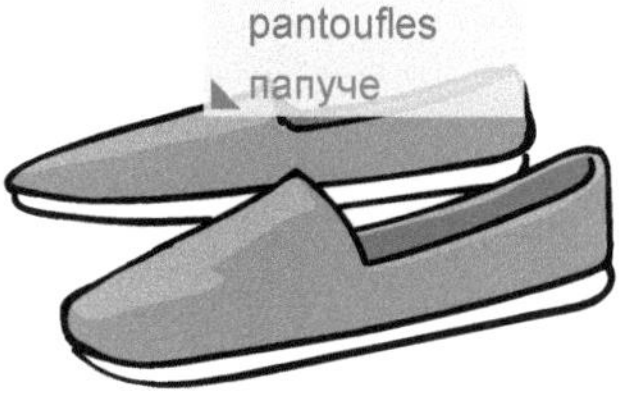

écharpe
шал

ceinture
каиш

parapluie
кишобран

t-shirt
мајица

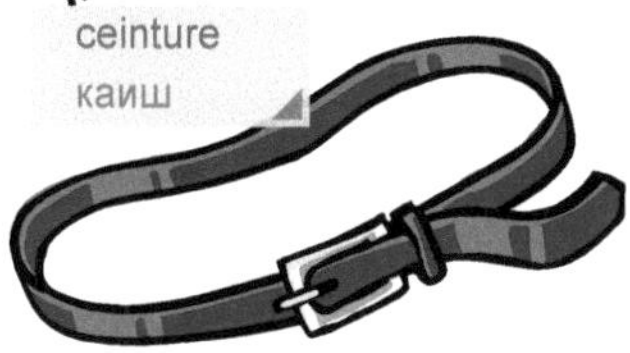

bottes
чизме

pantoufles
папуче

baskets
патике

sandales
················
сандале

chaussures
················
ципеле

bottes de caoutchouc
················
гумене чизме

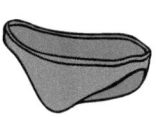

sous-vêtements
················
гаћице

soutien-gorge
················
грудњак

maillot de corps
················
поткошуља

body

боди

pantalon

панталоне

jean

фармерке

jupe

сукња

chemisier

блуза

chemise

кошуља

pull

џемпер

sweat à capuche

џемпер с капуљачом

veste

сако

veste

јакна

manteau

мантил

imperméable

кабаница

costume

костим

robe

хаљина

robe de mariée

венчаница

costume

одело

chemise de nuit

спаваћица

pyjama

пиџама

sari

сари

foulard

марама за главу

turban

турбан

burqa

бурка

caftan

кафтан

abaya

абаја

maillot de bain

купаћи костим

maillot de bain

купаће гаћице

short

кратке панталоне

tenue d'entraînement

одећа за тренинг

tablier

кецеља

gants

рукавице

bouton

дугме

lunettes

наочаре

bracelet

наруквица

collier

огрлица

bague

прстен

boucle d'oreille

наушница

bonnet

капа

cintre

вешалица

chapeau

шешир

cravate

кравата

fermeture éclair

патент затварач

casque

кацига

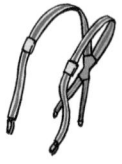

bretelles

нараменице

uniforme scolaire

школска униформа

uniforme

униформа

bavoir

подбрадак

sucette

дуда

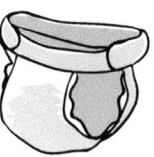

lange

пелена

bureau
канцеларија

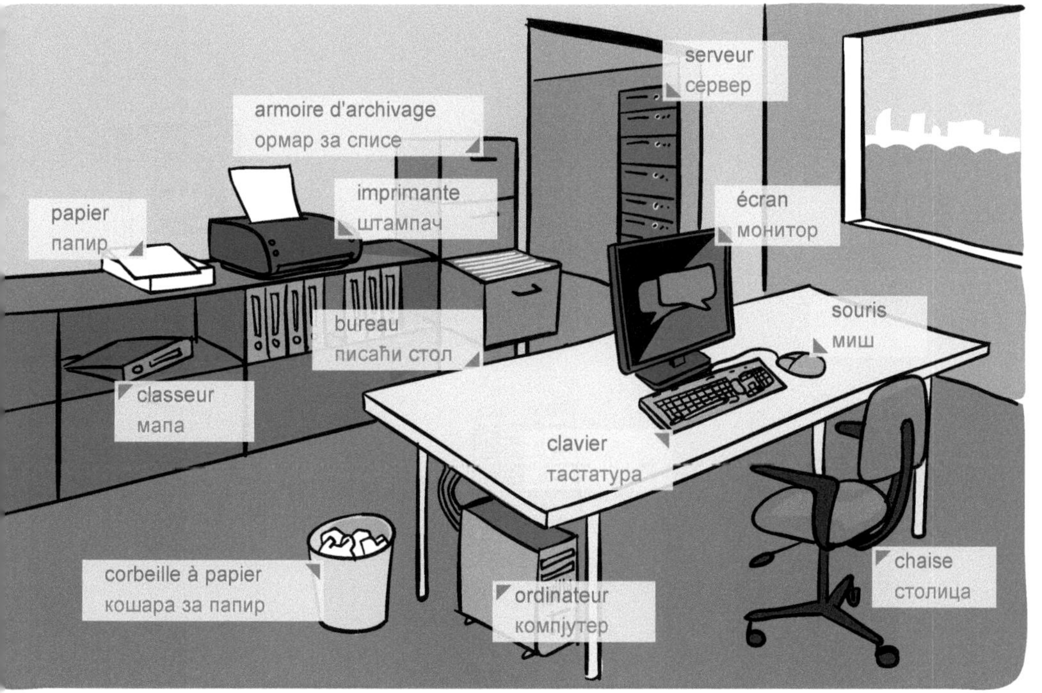

serveur
сервер

armoire d'archivage
ормар за списе

imprimante
штампач

écran
монитор

papier
папир

souris
миш

bureau
писаћи сто

classeur
мапа

clavier
тастатура

corbeille à papier
кошара за папир

chaise
столица

ordinateur
компјутер

tasse de café

шалица за каву

calculatrice

калкулатор

internet

интернет

ordinateur portable

лаптоп

lettre

писмо

message

порука

portable

мобилни телефон

réseau

мрежа

photocopieuse

уређај за копирање

logiciel

софтвер

téléphone

телефон

prise

утичница

fax

факс

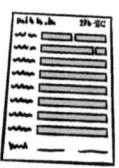

formulaire

формулар

document

документ

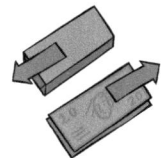

acheter

куповати

payer

платити

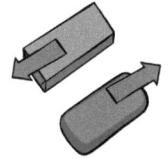

faire du commerce

трговати

monnaie

новац

dollar

долар

euro

евро

yen

јен

rouble

рубља

franc suisse

швајцарски франак

renminbi yuan

ренминдби јуан

roupie

рупија

distributeur automatique

аутомат за новац

bureau de change

мењачница

or

злато

argent

сребро

pétrole

нафта

énergie

енергија

prix

цена

contrat

уговор

taxe

порез

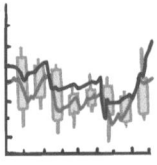

action

деонице

travailler

радити

employé

службеник

employeur

послодавац

usine

фабрика

magasin

продавница

économie - економија

agent de police
полицајац

pompier
ватрогасац

cuisinier
кувар

médecin
лекар

pilote
пилот

jardinier

вртлар

menuisier

столар

couturière

кројачица

juge

судија

chimiste

хемичар

acteur

глумац

conducteur de bus

возач аутобуса

chauffeur de taxi

возач таксија

pêcheur

рибар

femme de ménage

чистачица

couvreur

кровопокривач

serveur

конобар

chasseur

ловац

peintre

сликар

boulanger

пекар

électricien

електричар

ouvrier

грађевински радник

ingénieur

инжењер

boucher

месар

plombier

лимар

facteur

поштар

soldat

војник

architecte

архитекта

caissier

благајник

fleuriste

цвећар

coiffeur

фризер

contrôleur

кондуктер

mécanicien

механичар

capitaine

капетан

dentiste

зубар

scientifique

научник

rabbin

раби

imam

имам

moine

монах

prêtre

свећеник

outils
алати

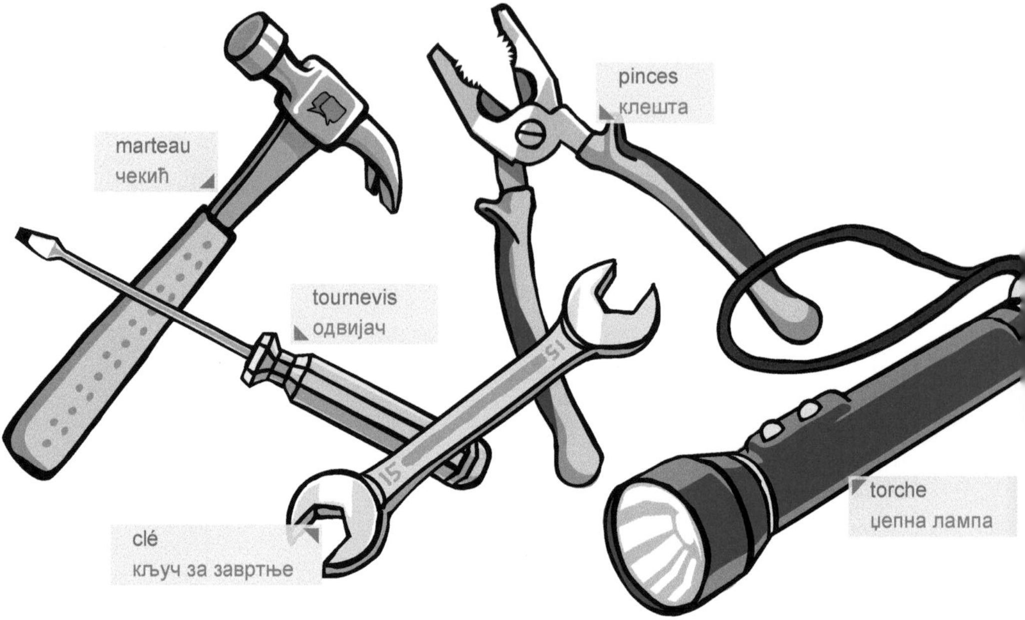
marteau
чекић
pinces
клешта
tournevis
одвијач
clé
кључ за завртње
torche
џепна лампа

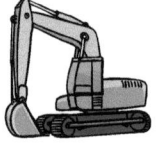

pelleteuse

багер

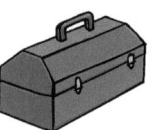

boîte à outils

кутија за алат

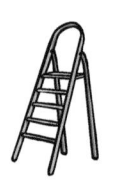

échelle

мердевине

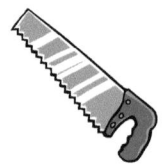

scie

пила

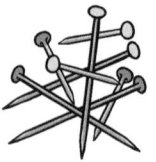

clous

ексер

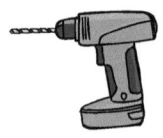

perceuse

бушилица

réparer

поправити

pelle

лопата

Mince !

до ђавола!

pelle

лопатица

pot de peinture

лонац за боју

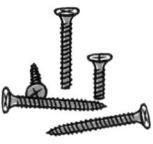

vis

завртањи

instruments de musique
музички инструмент

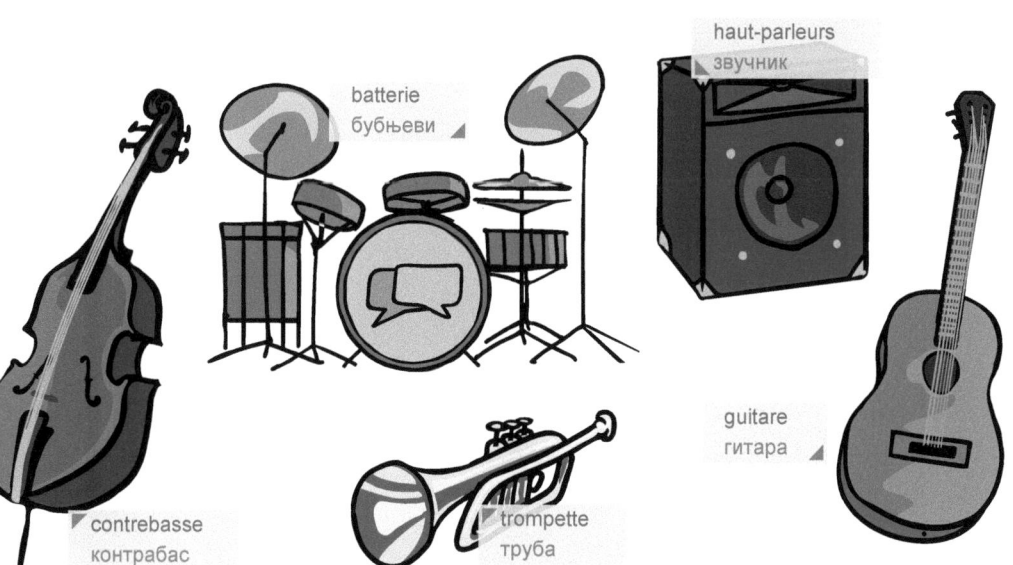

batterie
бубњеви

haut-parleurs
звучник

contrebasse
контрабас

trompette
труба

guitare
гитара

piano

клавир

violon

виолина

basse

бас

timbales

тимпани

tambour

ударалъке за бубњеве

piano électrique

типке клавира

saxophone

саксофон

flûte

флаута

microphone

микрофон

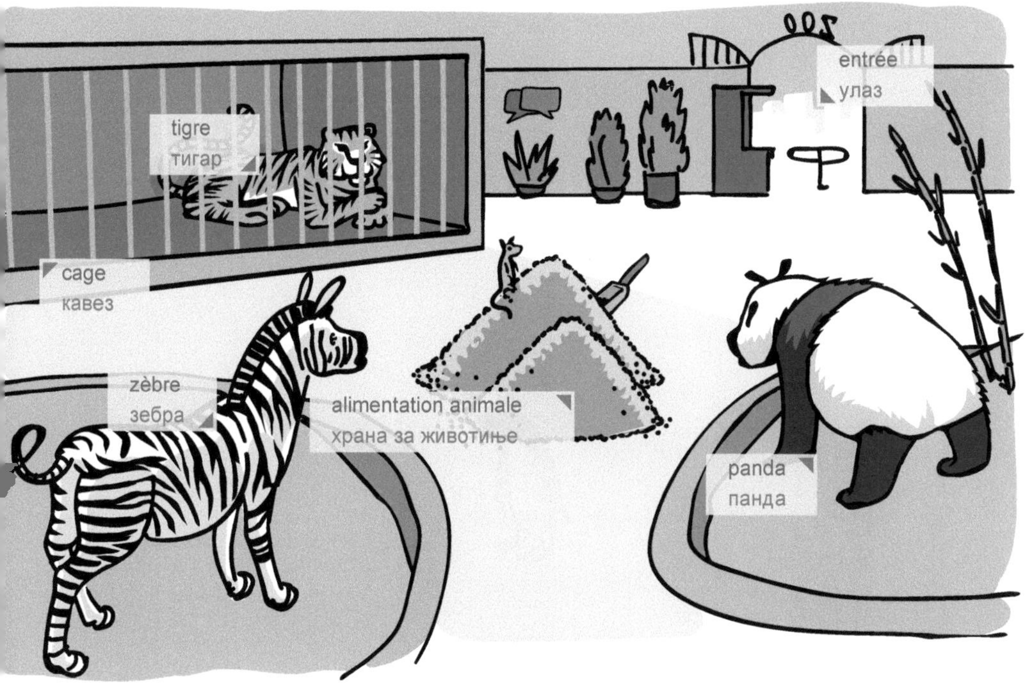

tigre
тигар

cage
кавез

entrée
улаз

zèbre
зебра

alimentation animale
храна за животиње

panda
панда

animaux

животиње

éléphant

слон

kangourou

кенгур

rhinocéros

носорог

gorille

горила

ours

медвед

chameau

камила

autruche

ној

lion

лав

singe

мајмун

flamand rose

фламинго

perroquet

папагај

ours polaire

поларни медвед

pingouin

пингвин

requin

ајкула

paon

паун

serpent

змија

crocodile

крокодил

gardien de zoo

чувар у зоолошком врту

phoque

туљан

jaguar

јагуар

poney

пони

léopard

леопард

hippopotame

нилски коњ

girafe

жирафа

aigle

орао

sanglier

дивља свиња

poisson

риба

tortue

корњача

morse

морж

renard

лисица

gazelle

газела

american Football
амерички ногомет

cyclisme
бициклизам

tennis
тенис

basket-ball
кошарка

natation
пливање

hockey sur glace
хокеј на леду

boxe
бокс

football
фудбал

badminton
бадминтон

athlétisme
атлетика

handball
рукомет

ski
скијање

polo
поло

activités

активности

sauter
скочити
rire
смејати се
embrasser
загрлити
marcher
иђи
chanter
певати
rêver
сањати
prier
молити се
faire la bise
пољубити

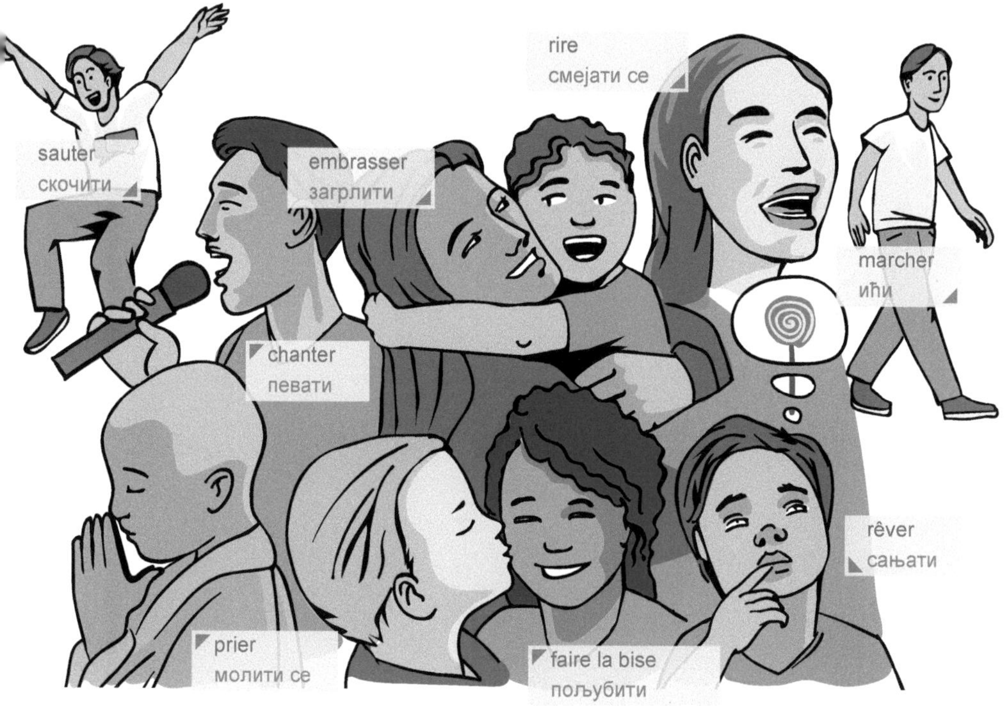

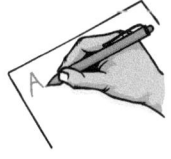

écrire

писати

dessiner

цртати

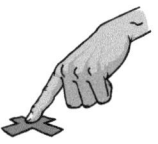

montrer

показати

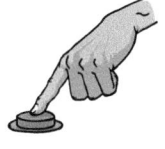

pousser

гурати

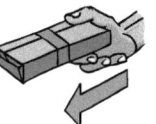

donner

дати

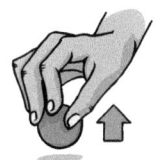

prendre

узети

avoir

имати

faire

чинити

être

бити

être debout

стојати

courir

трчати

trier

повлачити

jeter

бацити

tomber

падати

être couché

лежати

attendre

чекати

porter

носити

être assis

седити

s'habiller

облачити

dormir

спавати

se réveiller

пробудити се

regarder

гледати

pleurer

плакати

caresser

миловати

peigner

чешљати

parler

говорити

comprendre

разумети

demander

питати

écouter

слушати

boire

пити

manger

јести

ranger

поспремити

aimer

волети

cuire

кухати

conduire

возити

voler

летети

faire de la voile

пловити

calculer

рачунати

lire

читати

apprendre

учити

travailler

радити

se marier

венчати се

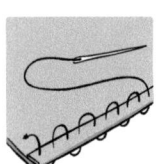

coudre

шити

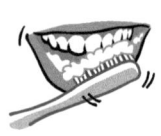

brosser les dents

прати зубе

tuer

убити

fumer

пушити

envoyer

послати

famille

породица

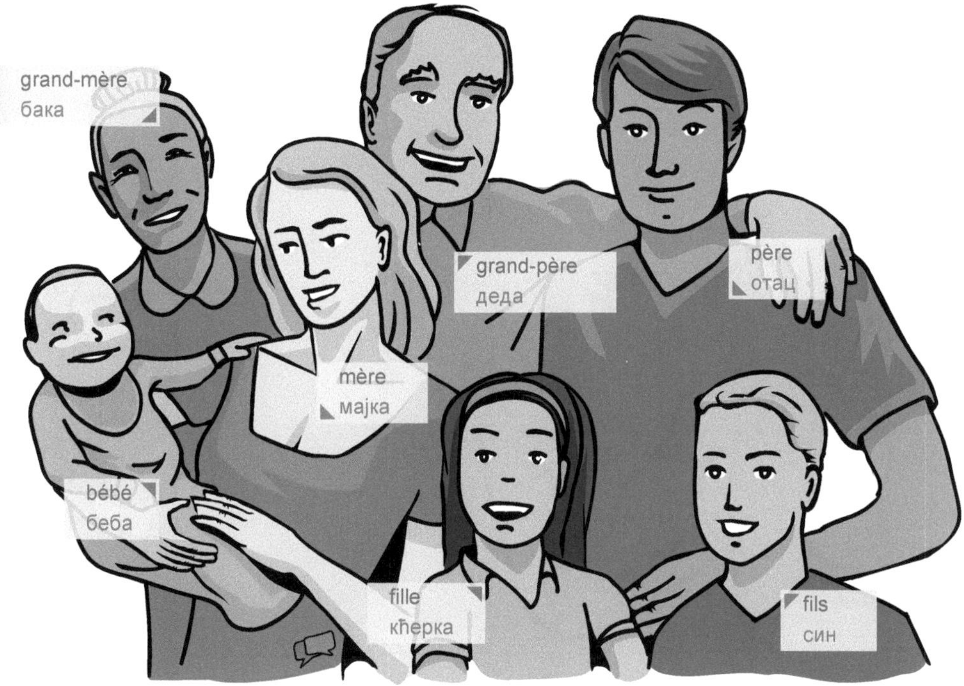
grand-mère
бака
grand-père
деда
père
отац
mère
мајка
bébé
беба
fille
ћерка
fils
син

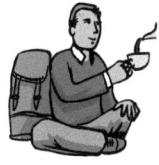

hôte

гост

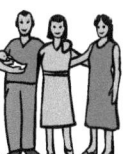

tante

тетка

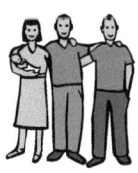

oncle

ујак, стриц

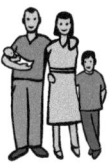

frère

брат

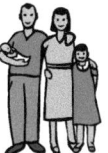

sœur

сестра

corps

тело

front
чело
œil
око
visage
лице
menton
брада
doigt
прст
main
рука
poitrine
груди
bras
рука
épaule
раме
jambe
нога

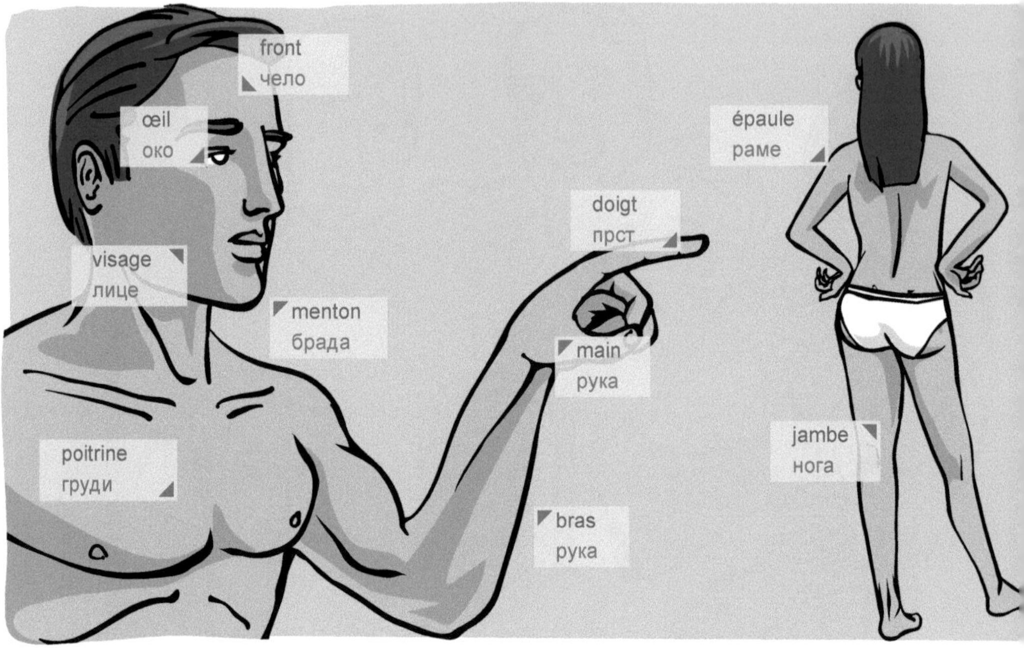

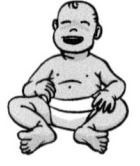

bébé

беба

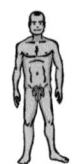

homme

мушкарац

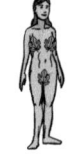

femme

жена

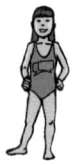

fille

девојчица

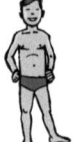

garçon

дечак

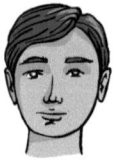

tête

глава

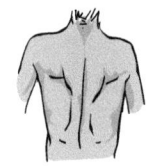

dos

леђа

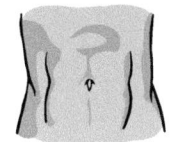

ventre

стомак

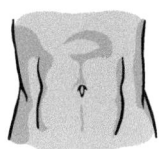

nombril

пупак

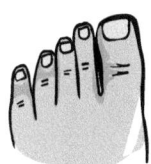

orteil

ножни прст

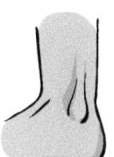

talon

пета

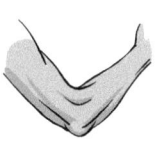

os

кост

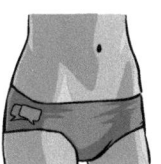

hanche

кукови

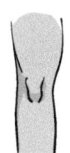

genou

колено

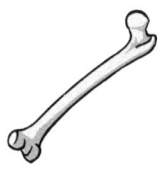

coude

лакат

nez

нос

fesses

задњица

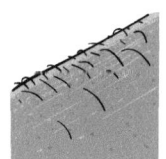

peau

кожа

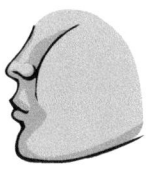

joue

образ

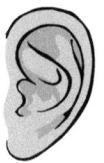

oreille

уво

lèvre

усна

bouche

уста

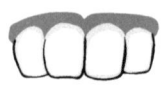

dent

зуб

langue

језик

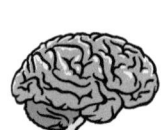

cerveau

мозак

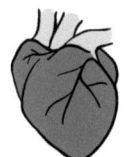

cœur

срце

muscle

мишић

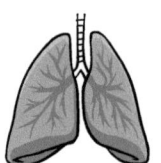

poumons

плућа

foie

јетра

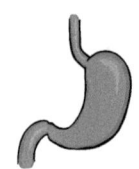

estomac

желудац

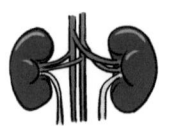

reins

бубрези

rapport sexuel

полни однос

préservatif

кондом

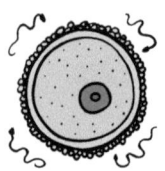

ovule

јајна ћелија

sperme

сперма

grossesse

трудноћа

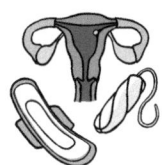

menstruation

менструација

vagin

вагина

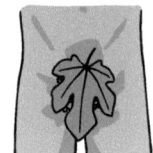

pénis

пенис

sourcil

обрва

cheveux

коса

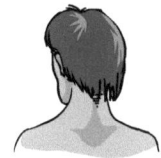

cou

врат

hôpital
болница

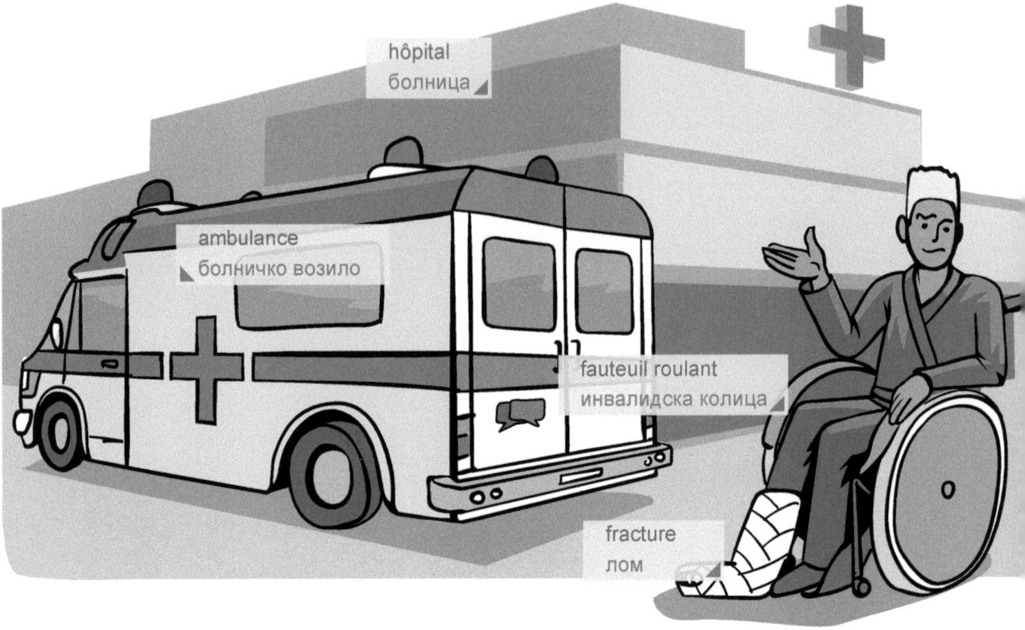

hôpital
болница
ambulance
болничко возило
fauteuil roulant
инвалидска колица
fracture
лом

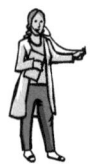

médecin

лекар

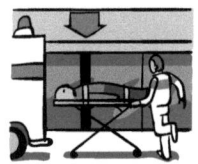

service des urgences

хитна медицинска служба

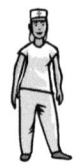

infirmière

медицинска сестра

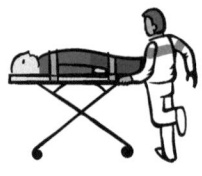

urgence

хитни случај

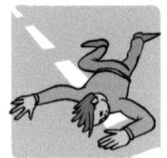

inconscient

несвест

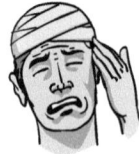

douleur

бол

blessure

повреда

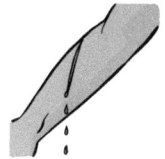

hémorragie

крварење

crise cardiaque

срчани удар

attaque cérébrale

удар

allergie

алергија

toux

кашаљ

fièvre

грозница

grippe

грипа

diarrhée

пролив

mal de tête

главобоља

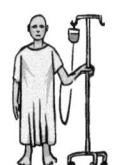

cancer

рак

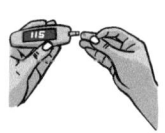

diabète

дијабетес

chirurgien

хирург

scalpel

скалпел

opération

операција

CT

цт

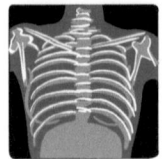

radiographie

рентген

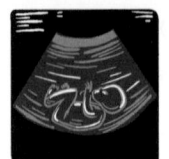

échographie

ултразвук

masque

маска

maladie

болест

salle d'attente

чекаона

béquille

штака

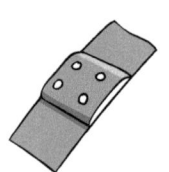

pansement

фластер

pansement

завоj

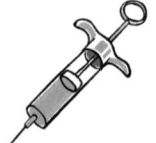

injection

ињекциjа

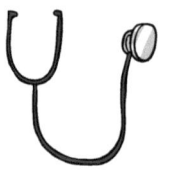

stéthoscope

стетоскоп

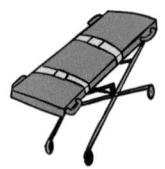

brancard

носила

thermomètre

термометар

accouchement

рођење

surcharge pondérale

прекомерна тежина

appareil auditif

слушни апарат

désinfectant

средство за дезинфекцију

infection

инфекција

virus

вирус

VIH / sida

хив / аидс

médicament

медицина

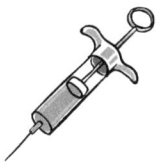

vaccination

вакцинација

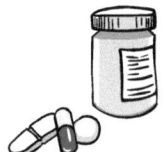

comprimés

таблете

pilule

пилула

appel d'urgence

хитни позив

tensiomètre

уређај за мерење
притиска

malade / sain

болесно / здраво

Au secours !

помоћ!

alarme

аларм

assaut

насртај

attaque

напад

danger

опасност

sortie de secours

излаз у случају нужде

Au feu!

пожар!

extincteur

противпожарни апарат

accident

незгода

trousse de premier secours

кутија прве помоћи

SOS

сос

police

полиција

Europe

Европа

Amérique du Nord

Северна Америка

Amérique du Sud

Јужна Америка

Afrique

Африка

Asie

Азија

Australie

Аустралија

Océan atlantique

Атлантик

Océan pacifique

Пацифик

Océan indien

Индијски океан

Océan antarctique

Антарктички океан

Océan arctique

Арктички океан

pôle nord

Северни рол

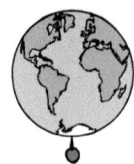

pôle sud
Јужни рол

Antarctique
Антарктик

terre
земља

pays
земља

mer
море

île
оток

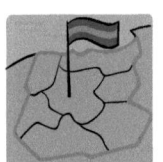

nation
нација

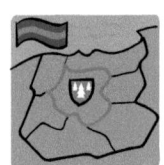

état
држава

cadran

бројчаник сата

aiguille des heures

сатна казаљка

aiguille des minutes

минутна казаљка

aiguille des secondes

секундна казаљка

Quelle heure est-il ?

Колико је сати?

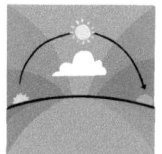

jour

дан

temps

време

maintenant

сада

montre digitale

дигитални сат

minute

минута

heure

час

semaine
седмица

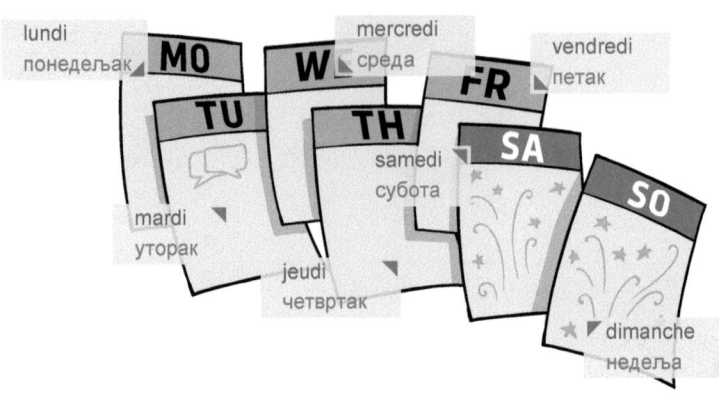

lundi / понедељак — MO
mardi / уторак — TU
mercredi / среда — W
jeudi / четвртак — TH
vendredi / петак — FR
samedi / субота — SA
dimanche / недеља — SO

hier

јуче

aujourd'hui

данас

demain

сутра

matin

јутро

midi

подне

soir

вече

MO	TU	WE	TH	FR	SA	SU
1	2	3	4	5	6	7
8	9	10	11	12	13	14
15	16	17	18	19	20	21
22	23	24	25	26	27	28
29	30	31	1	2	3	4

jours ouvrables

радни дани

MO	TU	WE	TH	FR	SA	SU
1	2	3	4	5	6	7
8	9	10	11	12	13	14
15	16	17	18	19	20	21
22	23	24	25	26	27	28
29	30	31	1	2	3	4

week-end

викенд

année
година

pluie
киша
arc-en-ciel
дуга
vent
ветар
neige
снег
printemps
пролеће
été
лето
automne
јесен
hiver
зима

4.APRIL 11°
5.APRIL 4°
6.APRIL 13°
7.APRIL 8°
8.APRIL 10°

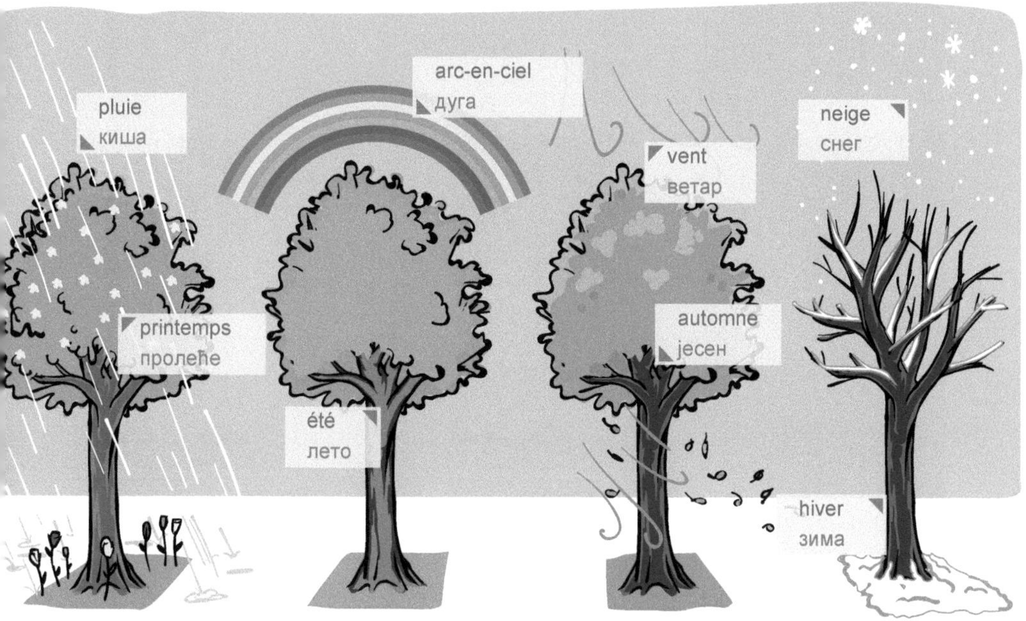

météo

метеоролошка прогноза

F C
120 40
90 30
60 20
30 10
0 0
-30 -10
-20

thermomètre

термометар

lumière du soleil

сунчана светлост

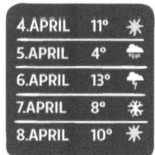

nuage

облак

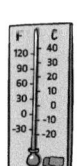

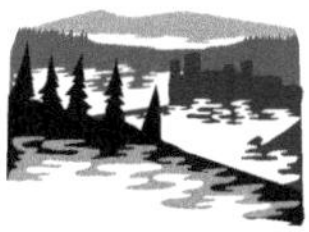

brouillard

магла

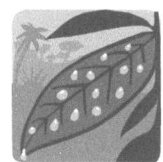

humidité

влажност ваздуха

foudre

муња

tonnerre

грмљавина

tempête

олуја

grêle

туча

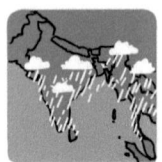

mousson

монсун

inondation

поплава

glace

лед

janvier

јануар

février

фебруар

mars

март

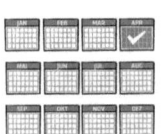

avril

април

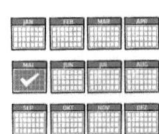

mai

мај

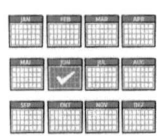

juin

јуни

juillet

јули

août

август

septembre

септембар

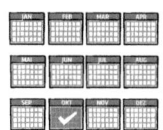

octobre

октобар

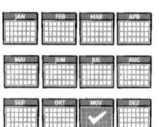

novembre

новембар

décembre

децембар

cercle

круг

carré

квадрат

rectangle

правоугао

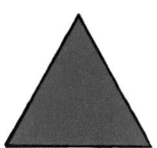

triangle

троугао

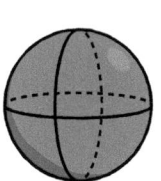

sphère

кугла

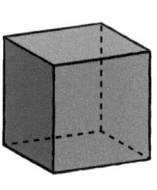

cube

коцка

blanc

бела

jaune

жута

orange

наранџаста

rose

ружичаста

rouge

црвена

violet

љубичаста

bleu

плава

vert

зелена

marron

смеђа

gris

сива

noir

црна

beaucoup / peu

много / мало

fâché / calme

љутито / мирно

joli / laid

лепо / ружно

début / fin

почетак / крај

grand / petit

велико / малено

clair / obscure

светло / тамно

frère / soeur

брат / сестра

propre / sale

чисто / прљаво

complet / incomplet

потпуно / непотпуно

jour / nuit

дан / ноћ

mort / vivant

мртво / живо

large / étroit

широко / уско

comestible / incomestible

јестиво / нејестиво

méchant / gentil

зло / добро

excité / ennuyé

узбуђено / досадно

gros / mince

дебело / мршаво

premier / dernier

на почетку / на крају

ami / ennemi

пријатељ / непријатељ

plein / vide

пуно / празно

dur / souple

тврдо / мекано

lourd / léger

тешко / лагано

faim / soif

глад / жеђ

malade / sain

болесно / здраво

illégal / légal

илегално / легално

intelligent / stupide

паметно / глупо

gauche / droite

лево / десно

proche / loin

близу / далеко

nouveau / usé
ново / половно

rien / quelque chose
ништа / нешто

vieux / jeune
старо / младо

marche / arrêt
укључено / искључено

ouvert / fermé
отворено / затворено

faible / fort
тихо / гласно

riche / pauvre
богато / сиромашно

correct / incorrect
тачно / погрешно

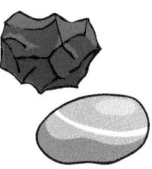

rugueux / lisse
храпаво / глатко

triste / heureux
тужно / сретно

court / long
кратко / дуго

lent / rapide
полако / брзо

mouillé / sec
мокро / сухо

chaud / froid
топло / хладно

guerre / paix
рат / мир

0

zéro

нула

1

un / une

један

2

deux

два

3

trois

три

4

quatre

четири

5

cinq

пет

6

six

шест

7

sept

седам

8

huit

осам

9

neuf

девет

10

dix

десет

11

onze

једанаест

12
douze

дванаест

13
treize

тринаест

14
quatorze

четрнаест

15
quinze

петнаест

16
seize

шестнаест

17
dix-sept

седамнаест

18
dix-huit

осамнаест

19
dix-neuf

деветнаест

20
vingt

двадесет

100
cent

стотину

1.000
mille

хиљаду

1.000.000
million

милион

anglais

енглески

anglais américain

амерички енглески

chinois mandarin

мандарински кинески

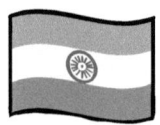

hindi

хиндски

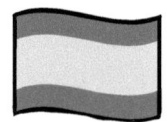

espagnol

шпански

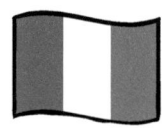

français

француски

arabe

арапски

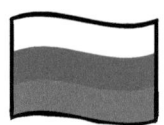

russe

руски

portugais

португалски

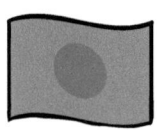

bengali

бенгалски

allemand

немачки

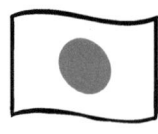

japonais

јапански

je

ja

tu

ти

il / elle / ce, c', cela

он / она / оно

nous

ми

vous

ви

ils / elles

они

Qui ?

Ко?

Quoi ?

Шта?

Comment ?

Како?

Où ?

Где?

Quand ?

Када?

nom

име

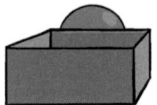

derrière

иза

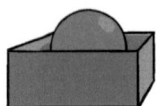

dans

у

devant

испред

au-dessus

преко

sur

на

en-dessous

испод

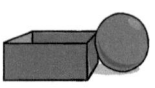

à côté de

поред

entre

између

lieu

место